JN086201

1人前食堂の

心も体もすっきり整う!

からだリセットごはん

Mai

マガジンハウス

忙しいからこそ 時短レシピで 体を整えたい人へ

YouTubeチャンネル
「1人前食堂」は、
小さい頃から大の料理好きの私が
たったひとりでも、
特別な日でなくても、
料理を存分に楽しめる居場所に
なればいいなと考えて
日々発信するようになりました。

お正月明けの糖質オフごはんや
野菜不足を一発解決するレシピ、
発酵食で腸活の作りおきなどなど。

始まりはちょっとした思いつきが
きっかけでしたが、
たくさんの視聴者のみなさんの
応援のおかげで、
今では50万人以上の方々に
ご覧いただいています。

本書のテーマは、
動画でもとくに人気のあった
リセットごはん！

コンセプトは……
「料理を味方につけて
体にたまった疲れや余分なものを
リセットすること」。

生粋の食いしん坊の私が、
日々仕事や学業を頑張りながら
健康に気を使いたい食いしん坊に
贈るレシピです。

まずは気になったものから
試してみてください。
慣れてきたら、
その日の体調や気分に合わせたり
特売品や冷蔵庫と相談して
アレンジを楽しんでみて。

この本を通して、
明日から心も体も軽～くなって
お料理がさらに好きになる
きっかけになったらうれしいです。

1人前食堂流！

Maiさん、
たくさん
食べてるのに
なぜ太らないの
……？

おいしくリセット
できる秘密

低糖質＆低カロリーなのに満足感あり！

この本で紹介するレシピは、ストイックになりすぎずに、気になる糖質をひかえられるように考えました。すべて1人前500kcal 台以下！肥満を解消したい人はもちろん、つい食べすぎてしまったときに我慢せずに食べられるものばかり。

おうちにある発酵食材で "ゆる腸活"

健康＆きれいでいるために大切なのは「腸」。内側から巡りよく、きちんと栄養を吸収できる体になるには、発酵食がおすすめ。といっても特別なものではなく、ヨーグルトや納豆、キムチ、みそ、塩麹、甘酒など身近な食材の力を味方につけるのがポイント。

食べすぎても減塩＆デトックス

体に水分が不要にたまると、むくみの原因に。そんなときはカリウム豊富な食材で、デトックス効果を高めます。さらに塩分の摂りすぎも予防すべく、旨味の強い食材、香り豊かなスパイス、酸味のある調味料たちを活用します。

10分でできるから疲れててもかんたん！

どんなに健康的なごはんでも、やはり手間を天秤にかけるもの。遅く帰ってきたり、忙しい＆疲れている人でも作りやすいように、「からだリセットごはん」はほぼ10分以内で完成。またPART4（P103）では、忙しい日に重宝する冷凍作りおきも収録。

味方につけたい
ヘルシー食材

調味料

オリーブオイル
風味豊かで、和洋中どのレシピにもマッチ。オリーブの持つ抗酸化力も頼れるところ。

酢・レモン
さっぱり酸味を出すことはもちろん、塩味の補完をしてくれるから減塩効果も期待できる。

甘酒・塩麹
日本の伝統的な発酵調味料。どちらも素材の旨味を引き出し、腸内環境を整えてくれる万能選手。

ラカント
カロリー・糖類ゼロがうれしい自然派甘味料。砂糖の代わりとして、煮物やおやつに。

かつお節
旨味が強く、意外とどんな料理にも合う。原材料がカツオなので高たんぱく＆低脂肪なのもうれしい。

キムチ
一緒に調理すれば、ピリ辛料理に大変身の発酵食品。酸味だけでなくコクや旨味も強い。

ピザ用チーズ
とろけるおいしさで、しかも低糖質の優秀食材。ただし脂肪分はあるので摂りすぎないように。

みそ
きっと最も身近な発酵調味料。お料理に深みを出したいときに。地域の特性もあるけれど、合わせみそひとつあればOK。

ヨーグルト
低脂肪・豆乳タイプがおすすめ。牛乳・マヨネーズの代わりにクリーミーでさっぱりした仕上がりに。ソースや下味に活躍。

豆腐

なめらかな食感で食べやすく、大豆の植物性たんぱく質が豊富。水切りすれば、たちまち主食代わりに。

きのこ

とにかく低カロリーで、だしもよく出て頼れる存在。コリコリした食感が楽しい。

納豆

大豆を発酵させたネバネバ食材で、麺レシピに登場。たんぱく質以外にカルシウムやビタミンも摂れる。

わかめ

身近な海藻No.1。かさがあり、低カロリーながら食物繊維や排出効果のあるカリウムも豊富。

旨味アップ

低糖質

ちりめんじゃこ

乾燥させている分、風味がギュッと凝縮。食感もあり、トッピングにしては存在感あるおすすめアイテム。

梅干し

口が酸っぱくなる梅は疲労回復に効果的。スープにほぐしたり、たれに活用して使うのが私流。

塩昆布

昆布の旨味と塩気で、ひとつで味が決まる万能食材。食物繊維もあるけど、塩分量は気をつけよう。

太りにくい
主食選びのコツ

なるべく控えたいもの

白米
うどん
パスタ
そうめん
食パン
春雨（意外と糖質多

めだから注意！）

精製された、いつもの白い主食は糖質が多め。これらを見直すだけで体がみるみる変わるはず。

玄米

　茶碗軽め1杯（110 g）
=181kcal／糖質37 g

カロリーは白米とほぼ変わらないけど、食物繊維とビタミンが豊富。糖質は多いので、おかずの量を増やして調整を。

ブランパン

　2個（60 g）
=130kcal／糖質4〜5 g

コンビニで人気を集める、穀物の外皮を配合した低糖質パン。普通の食パンの半分以下のカロリー。

豆腐そうめん

　1パック（150 g）
=107kcal／糖質11 g

じわじわと浸透中の豆腐でできた麺。つるっとおいしく、にゅうめんや炒めものなど、アレンジもかなり効く。

糖質オフ系の麺

　ゼンブヌードル（ゆで上がり100 g）
=130kcal／糖質19 g

自炊の定番パスタは、低糖質タイプが増加中。「ゼンブヌードル」は豆100%で食物繊維豊富でおすすめ。

かさ増しにおすすめ！

しらたき

こんにゃくが原料で6kcal／100 g！ 刻んでお米代わりに
☞ P18

おから

低糖質で食物繊維が豊富（カロリーは高め）。小麦粉などの代わりに　☞ P36

えのき

細かく切らず、長いままシャキシャキ感を生かして　☞ P34

切り干し大根

干し野菜独特の旨味が凝縮。麺の代わりに！　☞ P30

8

時短を叶える！
使う道具はコレだけ

フライパン

「1人前食堂」では直径21cmをよく使う。そのまま食卓に
出せるおしゃれなものなら、洗い物も減らせて便利。

小鍋

スープや汁物、煮物を作るときに。直径10〜14cmくらい
が1〜2人前にちょうどいい。大きい鍋で作るときは煮え
具合を加減して。

耐熱ボウル・保存容器

レンジで作るレシピは、耐熱ボウルがあると混ぜやすく
て楽チン。PART4の冷凍作りおきはガラス製のコンテ
ナ容器(イワキ「パック&レンジ」)を愛用。

PART 1

ひと皿で完結！かんたんリセットごはん

ご飯もの

PART 2

ヘルシーなのに大満足!! 1人前食堂のベストおかず

缶詰

鶏肉

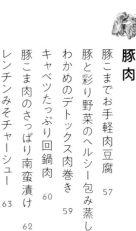

♦ 加熱方法のアイコン

 フライパンで
直径21cmのフライパンを使用しています。

 小鍋で
直径14cmの小鍋を使用しています。

 レンジで
電子レンジは600Wを使用しています。

 トースターで
トースターは1000W（230度）を使用しています。

加熱なし！
混ぜるだけ！

♦ カロリーとヘルシーハッシュタグ

391kcal ←1人前のカロリーを表示しています。

ヘルシーハッシュタグは全11種類。特に効果の期待できるものを表示しています。

#低脂肪
#低糖質
#腸活
#疲労回復
#むくみ解消
#高たんぱく
#野菜たっぷり
#冷え改善
#美肌
#免疫アップ
#グルテンフリー

♦ 大さじ1は15mℓ、小さじ1は5mℓです。

♦ でき上がり分量は、ほぼ1人前になっています。増やす場合は、加熱時間や調味料の分量を調整するようにしてください。

♦ 調味料は以下を使用しています。
しょうゆ……濃口しょうゆ（井上古式じょうゆ）
塩……粗塩
めんつゆ……3倍濃縮タイプ
ごま油……純正ごま油
オリーブオイル……エキストラヴァージンオリーブオイル
豆乳……無調整タイプ
卵……M玉サイズ（50g）
カレー粉……S&B赤缶
バター……無塩

♦ 野菜はすべて洗い、きのこ類は汚れをペーパーでふき取ってください。

♦ 電子レンジは600Wを使用しています。メーカーや機種により異なるので、様子を見ながら加熱時間を加減してください。

♦ 表示カロリーは、文部科学省の日本食品標準成分表に基づいて、材料の合計を計算しています。調理の過程で失われる水分や栄養量は誤差がありますので、あくまで概算の目安としてください。

スタッフ
デザイン　芝 晶子（文京図案室）
撮影　　　中垣美沙
協力　　　松本優（妹）、UTUWA

ひと皿で完結！かんたんリセットごはん

1

それは突然訪れる、無性にカオマンガイを食べたい日！玄米にすれば食物繊維が摂れ、お腹すっきり。

レンジで玄米カオマンガイ

材料（1人分）

鶏むね肉（皮なし）……1/2枚（150ｇ）

A
- しょうがチューブ……2cm
- 酒……大さじ1

玄米ご飯……軽め1杯（110ｇ）

B
- ナンプラー……小さじ1/2
- 鶏がらスープの素……小さじ1/2

スイートチリソース、ナンプラー……お好みで

香菜、きゅうり、レモン……お好みで

作り方

1 耐熱皿に鶏肉とAを入れてもみ、ふんわりラップをし、レンジで5分加熱する。加熱後、冷めるまで余熱で火を通す。

2 玄米ご飯に1から出た汁とBをかけ、レンジで1、2分加熱する。

3 2を器に盛り、1の鶏肉を食べやすく切ってのせる。好みで香菜やきゅうり、レモンを添え、スイートチリソースやナンプラーをかけて食べる。

ゆでずにレンチンで♪

鶏肉から出た汁も調味料！

お米がだしを吸うよ。

鶏肉は食べやすくカット。

レンジで

391 kcal #高たんぱく #疲労回復

食べごたえ満点でも低カロリー

刻むほどお米っぽく！

熱々！ヘルシー！しらたきビビンパ

低糖質のしらたきで
罪悪感なし。
気になるカロリーも
半分以下に！

材料（1人分）

牛切り落とし肉……50ｇ

ニラ……1束

しらたき（アク抜き不要のもの）……200ｇ

A｜ 豆もやし……1/2袋（100ｇ）
　｜ 白菜キムチ……40ｇ
　｜ にんにくチューブ……2cm
　｜ 砂糖、コチュジャン、しょうゆ
　｜ 　……各小さじ1

ごま油……小さじ1

卵……　1個

作り方

1 しらたきは水気をきって粗く刻む。ニラは3cm長さに切る。

2 フライパンにごま油を熱し、目玉焼きを作って一度取り出す。

3 同じフライパンでしらたきを炒め、パラパラになったら牛肉を加え、肉の色が変わったら**A**を加えて炒める。**2**をのせる。

最後に少し焼きつけることでビビンバ感UP！

343kcal　#低糖質　#野菜たっぷり

18

太らないしらたき明太炒飯

明太子がプチプチはじける！

お米がなくても食べごたえ十分！糖質カットのヘルシーごはん

材料（1人分）

長ねぎ……1/3本

しらたき（アク抜き不要のもの）……200g

塩、こしょう……各少々

A｜ 明太子……1本
　　 にんにくチューブ……1cm
　　 ごま油……小さじ2
　　 しょうゆ……小さじ1

溶き卵……1個分

大葉(刻む)……1枚

作り方

1 明太子は皮を取り除く。ねぎはみじん切りにする。しらたきは水気をきって粗く刻む。

2 フライパンにしらたきを入れて乾煎りする。水気が飛んだらAを加えて炒め、香りが立ったらねぎを入れてさらに炒め、塩、こしょうで味をととのえる。

3 仕上げに溶き卵を回し入れ、パラパラになったら器に盛り、明太子と大葉をのせる。

フライパンで

えっ……!?
豆腐がご飯代わり?
なめこのとろみで
片栗粉いらず!

ふわとろ豆腐のかにたま丼

材料（1人分）

かにかま……3本

貝割れ菜……1/8パック

豆腐（絹）……1/2丁（150g）

A 卵……1個
　ごま油、豆乳……各小さじ1
　塩、こしょう……各少々

B なめこ……50g
　めんつゆ（3倍濃縮）……大さじ2
　鶏がらスープの素、酢
　　……各小さじ1/2
　しょうがチューブ……2cm
　水……100ml

作り方

1 かにかまは粗くほぐす。貝割れ菜は根を落とす。豆腐はペーパーに包んでレンジで1分半加熱し、器に崩して盛る。

2 耐熱容器にAを入れて混ぜ、ラップをしないでレンジで40秒加熱する。かにかまと貝割れ菜を加えたらさらに40秒加熱してひと混ぜし、豆腐の上にかける。

3 耐熱容器にBを入れて軽く混ぜ、ラップをしてレンジで2分加熱し、2にかける。

豆腐なら何でも受け止める。

卵はレンジで加熱して…

のせたら、その上からなめこあんを!

レンジで

285 kcal ＃低糖質 ＃美肌

卵をちょうどいいトロトロにするために、今回だけはレンジで見張っておくのがいいかも……

PART
1
ひと皿で完結！ かんたんリセットごはん

ひとさじ頬張ればしあわせ

小鍋で

体調崩したら
豆腐を崩して、
胃腸にやさしい
かゆづくり。

あさり缶とえのきの豆腐がゆ

あさり缶で
二日酔いの救世主！

材料（1人分）

えのき……1/2袋（100g）
あさり缶……1/2缶（65g）
豆腐（木綿）……1/2丁（150g）
A　水……120㎖
　　和風だし（顆粒）……小さじ1
　　しょうゆ……小さじ1/4
溶き卵……1個分
青ねぎ（小口切り）……適量

作り方

1 えのきは根元を落として1cm幅に切る。豆腐はペーパーに包んでレンジで1分半加熱する。

2 小鍋にAを入れて火にかけ、えのき、あさり缶を加えて沸騰したら豆腐をちぎりながら加える。

3 再沸騰したら溶き卵を回し入れる。器に盛り、青ねぎを散らす。

222 kcal　#低脂肪 #低糖質

じゃこと梅干しの玄米茶漬け

お湯を注げば具材の旨味が一気に溶け出し、心も体も和みの一品。

材料（1人分）

梅干し……1個
大葉……1枚
塩昆布、ちりめんじゃこ……各大さじ1
練りわさび……1cm
玄米ご飯……1杯（150g）

作り方

1 大葉はちぎるか、せん切りにする。

2 玄米ご飯の上にすべての材料をのせ、熱湯150㎖（分量外）を注ぐ。

加熱なし！

（フライパンで）

イソフラボンたっぷり！ドライカレー

今日は
がっつりご飯は
お休みです。

おからでできた
低カロリーな
カレーを
召し上がれ！

材料（1人分）

合いびき肉……50g
トマト……小1個
小松菜……1株
おから……70g
A｜カレー粉……小さじ1
　｜にんにく、しょうがチューブ
　｜　……各2cm
　｜コンソメ（顆粒）、ウスターソース
　｜　……各小さじ1
　｜塩、こしょう……各少々
　｜水……100ml
オリーブオイル……小さじ1
卵……1個

作り方

1 トマトは角切りに、小松菜は3cm長さに切る。

2 フライパンにオリーブオイルを熱して卵を割り落とし、目玉焼きを作って取り出す。

3 同じフライパンでひき肉を炒め、おから、トマトを加えてさらに炒める。Aを入れて煮詰め、途中小松菜を混ぜ、しんなりするまで炒めたら器に盛り、目玉焼きをのせる。

おからはたっぷり水分を含ませることで絶品食感に！

379 kcal　#低糖質 #腸活

322 kcal #低脂肪 #美肌

ストイックデーは、牛乳を豆乳にトレードしてみて。

ベーコンとアスパラの おからリゾット

食物繊維を食べる
私のリゾット。
お茶碗1杯分で
なんだ、この腹持ち！

作り方

1 アスパラは根元の皮をむき、4
cm長さに切る。玉ねぎはみじん
切りに、ベーコンは細切りにす
る。

2 小鍋にオリーブオイルを熱して
ベーコンと玉ねぎを炒め、しん
なりしたらおからを加え、炒め
合わせる。

3 アスパラ、**A**を加えてとろみが
つくまで煮て、塩、こしょうと粉
チーズを加えて混ぜ、器に盛る。
好みで粉チーズ、黒こしょうを
ふる。

材料（1人分）

ベーコン……2枚
玉ねぎ……1/8個
アスパラ……2本
おから……70 g
塩、こしょう……各少々
オリーブオイル……小さじ1
A コンソメ（顆粒）……小さじ1
牛乳、水……各50mℓ
粉チーズ、黒こしょう……お好みで

PART
1
ひと皿で完結！ かんたんリセットごはん

小鍋で

ツナみそ納豆の混ぜ豆腐そうめん

みそ×納豆×キムチで
とことん発酵ラインナップ。
一押しの豆腐そうめんは
低糖質で味もお墨付き！

材料（1人分）

ニラ……30g
アボカド……1/2個
白菜キムチ……20g
A ┌ ツナ缶……1缶(70g)
　├ にんにく、しょうがチューブ
　│　……各2cm
　├ 砂糖……小さじ1
　├ みそ……大さじ1
　├ しょうゆ……大さじ1/2
　└ ごま油……小さじ1
納豆……1パック
豆腐そうめん(P8)……1パック(150g)
卵黄……1個分
白いりごま、海苔……お好みで

作り方

1 ニラは1cm幅に切り、アボカド
は角切りにする。

2 耐熱容器にAを入れて混ぜ、
レンジで1分加熱したら納豆
を加えて混ぜる。

3 麺の上に2をのせ、1とキムチ、
卵黄、好みでごまや海苔を添
える。

森のバター・アボカド参上!!

納豆はよ〜く混ぜるべし。

水気をきったら器に直入れ！

レンジで

565kcal #低糖質 #美肌

26

暑い日のトッピングは、きゅうり、角切りトマト、梅、大葉などでさわやかに。

PART 1 ひと皿で完結！ かんたんリセットごはん

火を使わず5分でできる

レンジで

全部まとめてチン！

麺

レンチンなのにモチモチ。

糖質オフの満足ナポリタン

濃厚な味つけだからヘルシーパスタでも飽きずにおいしい！

材料（1人分）

好みの糖質オフパスタ(P8)……80ｇ
ソーセージ……2本
玉ねぎ……1/4個
ピーマン……1個
A｜ケチャップ……大さじ3
　｜カレー粉……小さじ1/4
　｜コンソメ（顆粒）……小さじ1/2
　｜バター……10ｇ
　｜水……200mℓ
粉チーズ……大さじ1/2

作り方

1 玉ねぎは薄切りに、ソーセージは2cm幅に切る。ピーマンはワタを取って輪切りにする。

2 耐熱容器に半分に折ったパスタと1、Aをのせて軽く混ぜる。ふんわりとラップをし、レンジで袋の表示時間加熱する。

3 取り出してよく混ぜ、ラップをしないで2分加熱する。器に盛り、粉チーズをふる。

551 kcal　#低糖質 #高たんぱく

チーズときのこの しらたきカルボナーラ

いつの間に
お皿が空になる
疲れた日の
ごちそう。
ダイエット中も
食べられる！

材料（1人分）

ベーコン……2枚
エリンギ……1/2本
えのき……1/4袋
しらたき（アク抜き不要のもの）……200g
にんにくチューブ……3cm
豆乳……50ml
塩麹……小さじ1/2
塩……ひとつまみ〜適量
オリーブオイル……小さじ1
ピザ用チーズ……50g
溶き卵……1/2個分
粗びき黒こしょう……少々

PART1　ひと皿で完結！ かんたんリセットごはん

作り方

1 ベーコンは1cm幅に、エリンギは短冊切りにする。えのきは根元を落とし、半分に切る。しらたきは水気をきって3等分に切る。

2 フライパンにオリーブオイルとにんにくチューブを入れて弱火にかけ、香りが出たらベーコンとエリンギを炒め、しらたき、豆乳を加えて塩麹と塩で味をととのえる。

3 火を止めてチーズと溶き卵を入れ、とろとろになるまで混ぜる。器に盛り、黒こしょうをふる。

フライパンで

29

切り干し大根のパッタイ風

麺がなくても大丈夫。シャキシャキ食感がクセになる！

食物繊維豊富で旨みを吸収する乾物のスター

材料（1人分）

むきえび……4尾
もやし……1/2袋（100g）
ニラ……1/4束
切り干し大根……30g
桜えび……大さじ1（3g）
A ｜ オイスターソース、砂糖
　　　……各小さじ2
　　｜ しょうゆ、酢……各小さじ1
ごま油……小さじ1
ピーナッツ（砕く）、ライム（もしくはレモン）
　　　……お好みで

切り干しは1袋ペロリ！

作り方

1　切り干し大根は5分ほど浸水させ、絞っておく。ニラは4cm幅に切る。

2　フライパンにごま油を熱し、えび、もやし、ニラの順に入れて炒め、しんなりしたら桜えびと**A**を回しかける。器に盛り、好みでピーナッツ、ライムを添える。

切り干し大根の旨みで減塩しちゃおう。

354 kcal　#低糖質 #疲労回復

糖質0麺で
大・正・解な
麺料理！

具だくさん豆乳ちゃんぽん

まろやか＆
濃厚なのは
豆乳のおかげ。

材料（1人分）

豚こま切れ肉……60g

市販のカット野菜
（キャベツ、にんじん、玉ねぎなど）……100g

しょうが（せん切り）……1/2かけ分

A｜鶏がらスープの素……小さじ1
　｜塩、こしょう……各少々
　｜水……100ml

豆乳……100ml

糖質0麺……1袋（180g）

うずらの卵（水煮）……3個

ごま油……小さじ1

作り方

1 麺は流水で洗い、しっかりと水気を絞る。

2 小鍋にごま油を熱し、しょうがをさっと炒め、豚肉、野菜を加えてさらに炒め合わせる。

3 2にAと麺を入れ、煮立ったらうずらの卵と豆乳を加える。煮立たせないように1、2分煮て、器に盛る。

小鍋で

ふっくらしらすの ペペロン蕎麦

太りにくいそばで
和なペペロンチーノ。
シャキシャキ豆苗と
ピリ辛オイルが
たまらない…

材料（1人分）

しらす……70g
豆苗……1/2袋
まいたけ……1/2袋
そば（乾燥・十割）……100g
にんにくチューブ……2cm
輪切り唐辛子……お好み
オリーブオイル……大さじ1

作り方

1 まいたけは食べやすい大きさに
ほぐす。豆苗は根を落とし、半
分に切る。そばは袋の表示時間
ゆでる。流水で洗い、半量のオ
リーブオイルを絡ませておく。

2 フライパンにオリーブオイルを
熱し、にんにくチューブ、唐辛
子、しらすを弱火で炒める。

3 まいたけと豆苗を加えて炒め、
そばを入れてさっと混ぜて器に
盛る。

561 kcal ＃疲労回復 ＃免疫アップ

121 *kcal* #低糖質 #むくみ解消

鶏とえのきのレモンフォー

えのきで
麺をかさ増し！
レモンで減塩♪

PART 1 ひと皿で完結！かんたんリセットごはん

材料（1人分）

鶏もも肉……50g
えのき……1/2袋（100g）
春雨（乾燥）……10g
塩、こしょう……各少々
A｜ナンプラー……大さじ1/2
　｜しょうがチューブ……2cm
　｜鶏がらスープの素……小さじ1/4
　｜水……200mℓ
香菜、レモン……お好みで

作り方

1 小鍋に一口大に切った鶏肉、Aを入れて火にかける。えのきは根元を落とし、2等分に切る。

2 鶏肉の色が変わったらアクを取り除き、えのき、春雨を加えてふたをし、2分煮て塩、こしょうで味をととのえる。器に盛り、好みでレモンを搾り、香菜をのせる。

小鍋で

フライパンで

うどん半玉にして
野菜たっぷり。

麺

かさ増し！豚キムチ焼きうどん

ボリューム飯は
給料日前の
心強い味方！

材料（1人分）

豚こま切れ肉……50g
ニラ……1/4束
豆もやし……1/2袋（100g）
キムチ……50g
しょうがチューブ……2cm
酒……大さじ1
しょうゆ……小さじ2
ごま油……小さじ1
冷凍うどん（レンジで解凍）……1/2玉
かつお節……お好みで

作り方

1 フライパンにごま油を熱し、しょうがチューブ、豚肉を入れて3分ほど炒める。

2 うどん、ニラ、もやし、キムチを加えてさらに3分ほど炒め、酒としょうゆで味をととのえる。器に盛り、かつお節をかける。

かつお節ばらりで風味豊かに♪

298 kcal #疲労回復 #冷え改善

209 *kcal* #低糖質 #むくみ解消

その他

あさり缶の ふわふわ卵チヂミ

小麦粉不使用！
あさりのだしが
ジュワッと
しみわたる。

材料（1人分）

A｜あさり缶……1缶 (130 g)
　｜卵……1個
　｜もやし……1/4 袋 (50 g)
　｜ニラ……1/2 束

ごま油……大さじ 1/2

B｜しょうゆ……大さじ 1
　｜酢……大さじ 1/2
　｜ごま油……小さじ 1/2
　｜白すりごま……小さじ 1/4

作り方

1 ニラは2cm幅に切り、ボウルに
　Aを入れて混ぜる。

2 フライパンにごま油を熱し、1を
　流し入れ、3分ほど焼く。表面
　が焼けたら裏返し、さらに弱火
　で3分ほど焼く。合わせたBに
　つけて食べる。

フライパンで

おからとキャベツのお好み焼き

糖質制限中ならおからに頼りまくろう！

ふわっとおいしい秘訣は家族には内緒！

材料（1人分）

豚バラ薄切り肉……1〜2枚（30g）

A キャベツ……2枚（100g）
　　桜えび、おから……各大さじ2
　　卵……1個
　　和風だし（顆粒）……小さじ1
　　水……50ml

油……適量

お好み焼きソース、マヨネーズ……各適量

かつお節、青海苔……お好みで

作り方

1 キャベツはみじん切りにし、ボウルに**A**を入れて混ぜる。

2 フライパンに油を熱し、豚肉を広げて**1**を流し入れ、3分ほど焼く。表面が焼けたら裏返し、弱火で7分ほど焼く。

3 皿に盛り、ソースとマヨネーズをぬり、好みでかつお節、青海苔をかける。

マヨポン（マヨネーズ＋ポン酢）で食べるのもオススメ！

445 kcal　#低糖質 #グルテンフリー

566 kcal

豆腐クリームの クロックマダム

リセット週間の始まりに最適な朝食！

クリーミーだけど、あっさり。

材料（1人分）

ベーコン……2枚
卵……1個
ピザ用チーズ……40g
ブランパン……2個
A | 豆腐（絹）……1/3丁（100g）
　 | マヨネーズ……小さじ1
　 | にんにくチューブ……2cm
　 | コンソメ（顆粒）……小さじ1
　 | 塩、こしょう……各少々
オリーブオイル……適量
こしょう……少々

作り方

1 豆腐はペーパーに包んでレンジで1分半加熱する。フライパンにオリーブオイルを熱し、目玉焼きを作る。

2 ボウルにAを入れ、泡立て器でなめらかになるまで混ぜる。

3 パンに2とベーコン、チーズをのせ、トースターでこんがりするまで焼く。皿に盛って目玉焼きをのせ、こしょうをふる。

PART 1 ひと皿で完結！ かんたんリセットごはん

トースターで

その他

トースターで

渋い乾物が、カリふわ食パンに大変身！

高野豆腐でチーズメルトサンド

ムギュッとつかんで頬張る満腹ロカボサンド

高野豆腐は2個で170kcal！

材料（1人分）

トマト……1/4個
アボカド……1/2個
ツナ缶……1/2缶（35g）
高野豆腐（乾燥）……2個
ピザ用チーズ……40g
A｜粒マスタード……小さじ1/2
　｜マヨネーズ……大さじ1/2
　｜塩、こしょう……各少々

作り方

1 アボカドとトマトはスライスする。高野豆腐は水に2分浸してからレンジで1分加熱する。ツナ缶はAで和える。

2 高野豆腐の水気をしっかり絞り（やけど注意！）横半分に切って、具材とチーズを挟んだらトースターでこんがりするまで焼く。

次はたらこやゆで卵、ハムをはさんじゃおう（P126）。

518 kcal #低糖質 #高たんぱく

ヘルシーなのに大満足!! 1人前食堂のベストおかず

PART 2

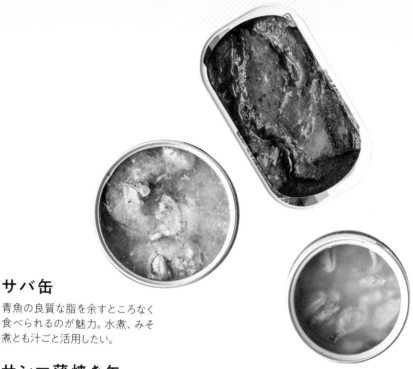

サバ缶

青魚の良質な脂を余すところなく食べられるのが魅力。水煮、みそ煮とも汁ごと活用したい。

サンマ蒲焼き缶

なつかしい蒲焼きだれが食欲そそる。野菜やきのこと合わせてボリュームアップ！

焼き鳥缶

濃厚な甘辛だれ味で、調味料いらず。ゴロゴロの鶏肉で、満足度も高い缶詰。

鮭缶

あっさりしてて幅広いメニューに活躍。身がやわらかいので、崩すレシピにぴったり。中骨入りならカルシウムも豊富。

あさり缶

貝ならではのおいしいだしが一缶に凝縮。汁ごと堪能できるレシピをご紹介。

缶詰

忙しくてもヘルシーに食べたい人の味方！

407 *kcal* #低脂肪 #疲労回復

水切りしたお豆腐にのっけちゃおう（P20）。

だしにも
具材にもなる
サンマ缶！

サンマ蒲焼き缶で きのこの卵とじ

最小限の味つけで
塩分はひかえめ。
卵でとじれば、
たちまち料亭気分♪

材料（1人分）

玉ねぎ……1/4個
しめじ……1/4袋
サンマ蒲焼き缶……1缶
A｜酒、水……各大さじ4
　｜サンマ蒲焼き缶の汁……全量
溶き卵……1個分
三つ葉（ざく切り）……2〜3本

作り方

1 玉ねぎは薄切りに、しめじは根元を落としてほぐす。

2 小鍋に玉ねぎとAを入れて火にかけ、沸騰したら火を弱め、サンマの蒲焼きとしめじを加えて3分ほど煮る。三つ葉を散らし、溶き卵でとじる。

小鍋で

好物のチーズは
意外と低糖質！
（脂肪はあるからご注意）

チーズとろ〜り！
焼き鳥缶ダッカルビ

甘辛味で、今日はどんな
ヘルシー主食と
食べようかな。

材料（1人分）

焼き鳥缶（たれ）……80g

玉ねぎ……1/4個

ニラ……1/4束

白菜キムチ……50g

A　にんにくチューブ……2cm
　　コチュジャン、酒……各小さじ1

ごま油……小さじ1

ピザ用チーズ……50g

一味唐辛子……少々

作り方

1 玉ねぎは5mm幅に、ニラは4cm
長さに切る。

2 フライパンにごま油を熱し、玉
ねぎを炒める。しんなりしたら
焼き鳥缶（汁ごと）、ニラ、キムチ
を加えて炒める。

3 Aを入れて炒め合わせ、チーズ
をのせてふたをし、溶けたら一
味をふる。

421 kcal ＃疲労回復 ＃冷え改善

42

354 kcal #低脂肪 #美肌　　お酒好きは白ワイン大さじ1をさらにプラス。

サバ缶でかんたん アクアパッツァ

さっと煮で
一丁上がり！
栄養豊富で
万能なサバ缶の
定番レシピ

PART ヘルシーなのに大満足!! 1人前食堂のベストおかず

材料（1人分）

サバ水煮缶……1缶（150g）
玉ねぎ……1/4個
しめじ……1/2袋
プチトマト……3個
にんにく……1/4かけ
白ワイン……大さじ1
塩、こしょう……各少々
黒オリーブ（輪切り）……15g
バジルの葉……適量

作り方

1 玉ねぎとにんにくは薄切りにする。しめじは根元を落とし小房に分ける。プチトマトは半分に切る。

2 フライパンに玉ねぎ、サバ缶、しめじ、トマト、にんにく、オリーブの順に入れ、白ワインを回しかけて火にかける。

3 沸騰したらふたをし、中火で3分ほど煮て、塩、こしょうで味をととのえる。器に盛ってバジルをのせ、こしょうをふる。

フライパンで

缶詰

濃厚なみそがチーズと溶け合い
一味違うおいしさ！
ホクホクじゃがいもで
ご飯の出番ナシ!?

サバみそ缶の濃厚ポテトグラタン

材料（1人分）

じゃがいも……1個
サバみそ缶……1缶(150g)
マヨネーズ……大さじ1
こしょう……少々
ピザ用チーズ……20〜30g
パセリ(刻む)……適量

作り方

1 じゃがいもは皮をむいて薄切りにし、水にさらしてざるに上げる。

2 耐熱容器に、1を並べてラップし、レンジで3分加熱する。

3 2をグラタン皿に移し、マヨネーズ、こしょう、サバ缶、チーズの順にのせてトースターでこんがりするまで焼く。パセリをふる。

じゃがいもは、薄切りで火通り早い！

食べる直前に、行ってらっしゃい。

缶詰に頼れば時短!!

トースターで

579 kcal #疲労回復 #美肌

サバ水煮缶しかないときは、みそ大さじ１＋砂糖大さじ１を入れて。

PART 2 ヘルシーなのに大満足!! 1人前食堂のベストおかず

みそ味でグラタン革命！

45

あさり缶で スンドゥブチゲ

本場にいざなう あったか 旨辛おかず。

卵と豆腐で パクパク イケる！

材料（1人分）

豚こま切れ肉……50g

A｜ 長ねぎ（白い部分）……1/3本
　　しめじ……1/4袋
　　ニラ……1～2本

あさり缶……1缶（65g）

白菜キムチ……70g

豆腐（絹）……1/2丁（150g）

B｜ 水……200ml
　　酒……50ml
　　コチュジャン、めんつゆ
　　……各大さじ1

ごま油……小さじ1

卵……1個

作り方

1 豆腐はペーパーに包んでレンジで1分半加熱する。野菜は食べやすく切る。

2 小鍋にごま油を熱して豚肉を炒め、色が変わったらあさり缶（汁ごと）、キムチ、Bを入れてひと煮立ちしたら、Aを加える。

3 豆腐をスプーンですくって入れ、器に盛って卵を落とす。

キムチで辛さの調整してね。

460 kcal #低糖質 #疲労回復

407 kcal　#低脂肪 #美肌

鮭と豆腐で
高たんぱく！

鮭缶と小松菜の和風チャンプルー

めんつゆとかつお節で
あっさりながら
食欲そそる一品。

材料（1人分）

小松菜……1株
鮭水煮缶(中骨身付き)……1缶(150g)
豆腐(木綿)……1/2丁(150g)
めんつゆ(3倍濃縮)……小さじ1
ごま油……小さじ1
溶き卵……1個分
かつお節……適量

作り方

1 豆腐はペーパーに包んでレンジで1分半加熱し、6等分にする。小松菜は4cm長さに切る。

2 フライパンにごま油を熱し、豆腐を入れて焼き、小松菜と鮭缶を加えてさらに炒める。

3 めんつゆ、溶き卵を回し入れ、固まったら皿に盛ってかつお節をかける。

フライパンで

47

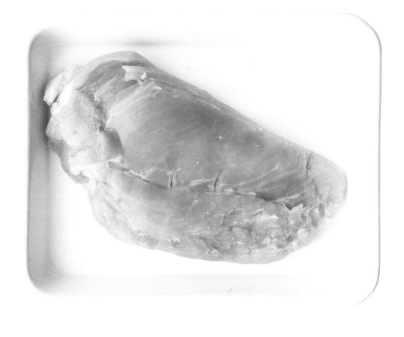

鶏肉

高たんぱく・低脂肪でダイエットにぴったり

鶏むね肉

ヘルシー食材の王様。皮を取り除くとより脂質カット。特製だれや野菜で満足感を出そう。

ささみ

淡白な味わいでリーズブナル。1人前でも使いきりやすいのがうれしいところ。筋取りをお忘れなく。

手羽

骨付きの分、旨味が強い。いっぱい食べたつもりでも、可食部は少ないマジックも期待!?

276kcal

鶏むねとパプリカの酢豚風マリネ

酢豚の味わいなのに、
油は少ないヘルシー系。
トマトのやさしい
甘酸っぱさが
疲労回復に一役！

材料（1人分）

鶏むね肉……1/2枚（150g）
トマト……小1個
パプリカ（赤・黄）……各1/4個
ピーマン……1個
A│しょうゆ、酢、砂糖……各大さじ1
　│鶏がらスープの素……小さじ1
　│ごま油……小さじ1
塩、こしょう……各少々

全部まとめてチン！

作り方

1 鶏肉は一口大に切って塩、こしょうをふる。ピーマンとパプリカは乱切りに、トマトはくし切りにする。

2 耐熱容器に1を入れ、Aを回しかけてふんわりラップをしてレンジで3分加熱する。

3 取り出してよく混ぜ、さらに3分加熱する。少し蒸らしたら器に盛る。

レンジで

特売のむね肉に出会ったら
コレに決まり！
一度にたっぷり
作れちゃうのもうれしい。

大葉とクリチーの麹チキンロール

梅みそ添え

材料（作りやすい分量）

鶏むね肉（皮なし）……1枚（300g）

塩麹……大さじ1
（もしくは酒大さじ1＋塩ひとつまみ）

大葉……5枚

クリームチーズ……50g

A｜梅干し……1個
　｜みそ……小さじ1
　｜みりん……小さじ2

作り方

1　鶏肉は厚い部分に切り込みを入れて開き、両面に塩麹をぬる。

2　1の中央に大葉、クリームチーズの順にのせ、手前からきつめに巻く。ラップに包んで両端をねじったら楊枝で数か所穴を開ける。

3　耐熱容器に2をのせ、レンジで5分〜火が通るまで加熱する。2分ほど置いて粗熱が取れたら1〜2cm幅に切る。Aと鶏肉の汁を混ぜたものを添えて食べる。

分厚い部分は削いで観音開き。

豪快に巻いたらラップに包むだけ。

梅とみそで酸味とコク！

レンジで

575 kcal　#腸活 #高たんぱく

PART **2** ヘルシーなのに大満足!! 1人前食堂のベストおかず

塩麹でお肉やわらか効果

鶏肉

手羽中のピリ辛ヤンニョムグリル

旨味の強い手羽は
一口かじれば
元気満点！

甘くてほんのり
スモーキーな
焼きパプリカも
名脇役。

材料（1人分）

鶏手羽中……4〜5本
パプリカ（黄）……1/2個
A｜甘酒……大さじ1
　　（もしくは酒大さじ1＋砂糖小さじ1）
　｜コチュジャン……大さじ1
　｜にんにくチューブ……3〜4cm
　｜一味唐辛子……適量
白いりごま、糸唐辛子……各適量

作り方

1 手羽中はAをよくもみ込み、5分〜一晩置く。

2 1をホイルに包んでトースターで5分、途中返してくし切りにしたパプリカを加え、さらに5分焼く。器に盛り、ごまと糸唐辛子をのせる。

281 kcal #疲労回復 #美肌

348 kcal　#高たんぱく　#免疫アップ　　ホンマかいな⁉ってくらいカリカリ。

揚げない スパイシー唐揚げ

ヨーグルトソース

油を使わず
トースターで
からりと
焼くだけ。

材料（1人分）

鶏もも肉……1/2枚（150ｇ）

A｜にんにく、しょうがチューブ
　　……各1cm
　｜しょうゆ……小さじ1
　｜酒……小さじ1/2

B｜小麦粉……大さじ2
　｜カレー粉……小さじ1

オリーブオイル……小さじ1

ベビーリーフ、プチトマト……適量

ヨーグルトソース

　｜プレーンヨーグルト……大さじ2
　｜マヨネーズ……小さじ1
　｜にんにくチューブ……1/2cm
　｜塩、こしょう……各少々

作り方

1 鶏肉は一口大に切ってAをもみ
　込み、5分～一晩置く。

2 ポリ袋にBを入れ、1を加えて
　ふり混ぜる。

3 皮目を上にして、オリーブオイ
　ルを少量ずつかけてトースター
　で4分加熱する。途中返して3
　分加熱する。

4 器に3と野菜を盛り、混ぜ合わ
　せた**ヨーグルトソース**をつけて食
　べる。

PART 2　ヘルシーなのに大満足‼　1人前食堂のベストおかず

トースターで

53

レンジで

香ばしい
ごまだれで
リピート必至！

しっとりささみの ごまナッツ棒棒鶏

ナッツで美容効果を
手軽にプラス。

材料（1人分）

鶏ささみ……2〜3本（150g）

きゅうり……1本

酒……大さじ1

A｜にんにく、しょうがチューブ
　　……各1cm

　｜白すりごま、酢、しょうゆ
　　……各小さじ1

　｜砂糖、ごま油……各小さじ1/4

　｜好みのナッツ（くるみなど）……適量

作り方

1 耐熱容器にささみと酒を入れ、レンジで2分加熱する。そのまま冷めるまで余熱を通す。

2 Aとささみの肉汁大さじ1を混ぜ合わせる。

3 千切りにしたきゅうりの上にほぐした1をのせ、2をかける。

238 kcal #低脂肪 #美肌

54

ほとんど
ほったらかし！
油は不要。

レンジで 串なし焼き鳥

料理の
やる気でない日に、
もってこいの一品。

材料（1人分）

鶏もも肉……1/2枚（150g）
長ねぎ（白い部分）……1/2本
A｜しょうゆ……大さじ2
　｜砂糖、みりん……各大さじ1
　｜酒……大さじ1/2
七味唐辛子、山椒……お好みで

作り方

1 鶏肉は一口大に切ってAをもみ込み、5分〜一晩置く。

2 耐熱容器に入れてラップをし、レンジで3分加熱する。途中返し、ぶつ切りにしたねぎをのせ、さらに3分加熱する。

3 お好みでトースターでこんがりするまで焼く。七味や山椒をふる。

レンジで

豚こま切れ肉

どんなスーパーにもある薄切り肉は、冷蔵庫にあれば重宝する。旨みも出て汁ものや煮物にも使いやすい。脂身の少ない部位を選ぼう。

豚ロース肉

豚肉らしい味わいと食べごたえがある、たまにうれしいぜいたく部位。少量でも存在感放つおいしさに。

豚肩かたまり肉

赤身でたんぱく質をしっかり摂りたいあなたへ。チャーシューや角煮に欠かせない。

豚肉

旨味しっかり、栄養素も凝縮！

351 *kcal*

豚こまで お手軽肉豆腐

肌寒い日に
ふと食べたくなる
あったかおかず。
味しみしみの
木綿豆腐が主役。

材料（1人分）

豚こま切れ肉……60g
豆腐（木綿）……1/2丁（150g）
長ねぎ（白い部分）……1/3本
A｜砂糖、しょうゆ、酒……各小さじ1
　｜しょうがチューブ……1cm
長ねぎ（青い部分・輪切り）、七味唐辛子
　……お好みで

作り方

1 豆腐はペーパーに包んでレンジ
　で1分半加熱し、4等分にする。
　ねぎは斜め切りにする。

2 耐熱容器にAと豚肉を混ぜ合
　わせる。

3 2にねぎ、豆腐の順に加え、ラ
　ップをしてレンジで3分加熱す
　る。途中混ぜてさらに2分加熱
　する。 少し蒸らしたら器に盛り、
　好みでねぎ、七味をかける。

レンジで

レンジで

栄養も
おいしさも
逃さない
レンジ蒸し。

豚と彩り野菜の ヘルシー包み蒸し

余った野菜を
どんどん
仲間入りさせよう。

材料（1人分）

豚ロース薄切り肉……2〜3枚(70g)

好みの野菜(プチトマト、水菜、しめじ、おくら、
　　かぼちゃ、もやしなど)……適量

酒……小さじ1

A　ニラ(みじん切り)……1本分
　　にんにく、しょうがチューブ
　　　　……各1cm
　　しょうゆ……大さじ2
　　酢……大さじ1
　　ごま油……小さじ1

作り方

1 野菜は食べやすい大きさに切
る。

2 ペーパーに野菜と豚肉をのせ、
酒をふって包み、レンジで3分
加熱する。

3 器に盛り、混ぜ合わせたAにつ
けて食べる。

野菜たっぷり

レンジ対応のクッキングペーパーを使おう。

316 kcal　#疲労回復 #野菜たっぷり

301 _kcal_ #低糖質 #むくみ解消

わかめの デトックス肉巻き

わかめの食感が
歯ごたえよし。
新陳代謝をよくして
塩分も排出！

材料（1人分）

豚ロース薄切り肉……4枚（100g）
わかめ（乾燥）……5g
塩、こしょう……各少々
小麦粉、ごま油……適量
A ┌ しょうゆ……大さじ1
　 │ すだちの搾り汁、みりん
　 └ 　……各小さじ1

作り方

1 わかめは5分ほど浸水させて
　絞る。豚肉は1枚ずつ広げて塩、
　こしょうをふる。

2 豚肉は少し重ねたらわかめを横
　一列にのせてきつく巻き、巻き
　終わりを下にしておく。

3 フライパンにごま油を熱し、小
　麦粉をまぶした2を並べ、転が
　しながら焼いて香ばしい焼き色
　をつける。

4 一口大に切って器に盛り、混ぜ
　合わせたAにつけて食べる。

フライパンで

59

キャベツたっぷり回鍋肉

ご飯にのせて
豪快にほおばりたい。
野菜でかさ増しすれば、
家計もカロリーも節約。

材料（1人分）

豚こま切れ肉……100g

キャベツ……2枚

長ねぎ（白い部分）……1/4本

A にんにく、しょうがチューブ
　……各1cm

　みそ……大さじ1

　砂糖……大さじ1/2

　しょうゆ……小さじ1

　豆板醤……小さじ1/4

作り方

1 キャベツは5cm四方に切る。ねぎは斜め切りにする。

2 耐熱容器にAを混ぜ合わせ、豚肉を漬ける。

3 キャベツ、ねぎの順に入れ、ラップをしてレンジで3分ほど加熱する。途中混ぜてさらに2分加熱する。少し蒸らしたら器に盛る。

栄養豊富な芯もザクザク切る!

キャベツの上にお肉とみそだれをかけて…

レンジの途中、一混ぜしてね。

レンジで

243 kcal #高たんぱく #美肌

豆板醤がない場合は、キムチや一味唐辛子でも作れる。

とにかく無心に食べたい日に

PART 2 ヘルシーなのに大満足!! 1人前食堂のベストおかず

61

フライパンで

作りおき大歓迎。
暑い季節の
冷房おかず。

豚こま肉の さっぱり南蛮漬け

夜遅くても
これなら
安心。

材料（1人分）

豚こま切れ肉……100g
玉ねぎ……1/6個
にんじん……15g
塩、こしょう……各少々
A｜水、酢……各大さじ2
　｜しょうゆ……小さじ2
　｜砂糖……小さじ1
　｜しょうがチューブ……2cm
ごま油……大さじ2
貝割れ菜……1/6パック

作り方

1 玉ねぎは縦に薄切りに、にんじんは千切りにして器に入れ、Aを加えて混ぜ合わせる。豚肉は塩、こしょうをふり、丸くまとめる。

2 フライパンにごま油を熱し、豚肉の両面がカリッとするまで揚げ焼きにする。

3 豚肉の油をよくきり、熱いうちに器に加えて混ぜ、少しなじませたら貝割れ菜をのせて完成。

鶏肉でもおいしく作れるよ。

473 kcal　#疲労回復 #免疫アップ

チャーシュー丼にしたら最高なのはここだけの話。

383kcal #疲労回復 #美肌

おいしいに決まっている本格おかず。

レンチンみそチャーシュー

レンジ加熱なら脂は外、旨みは内♪

材料（1人分）

豚肩ロースかたまり肉（3～4cm厚さ）
……120g

A｜ みそ……大さじ1
　｜ 酒、みりん……各大さじ1/2
　｜ しょうゆ……小さじ1弱
　｜ にんにく、しょうがチューブ
　｜　……各1cm

水菜……適量

作り方

1 室温に戻した豚肉を耐熱皿に入れ、Aを加えてよくもみ込み、10分～一晩置く。

2 耐熱容器に1をのせ、ふんわりラップをしてレンジで5分加熱する。途中取り出して上下を返し、ラップをしないでさらに3分加熱する。粗熱が取れたら好みの厚さに切り、皿に水菜をしいて盛る。

レンジで

PART 2 ヘルシーなのに大満足!! 1人前食堂のベストおかず

鶏ひき肉

比較的低脂肪＆低糖質で、鶏むね
やささみよりしっとりふわふわに作
れる。

豚ひき肉

お求めやすいひき肉といえばコレ。
洋風にも中華風にも変幻自在だか
ら、あると安心。

合いびき肉

牛独特の風味がプラスされて、リ
ッチなおいしさに。ハンバーグには
やっぱり欠かせない。

ひき肉

安価で変幻自在のお助け食材

ひじき入り ふんわり豆腐つくね

豆腐を
忍ばせれば
お肉ひかえめ。

甘酢仕立てで
お弁当にも
お試しあれ。

材料（1人分）

A｜豆腐（木綿）……1/4丁（75g）
　｜ひき肉（鶏or豚）……50g
　｜ひじき……12g（乾燥1〜2g）
　｜みそ……大さじ1/2
　｜しょうがチューブ……2cm
B｜めんつゆ（3倍濃縮）……大さじ2
　｜砂糖……小さじ2
　｜酢……小さじ1
ごま油……大さじ1
白髪ねぎ……適量

作り方

1　豆腐はペーパーに包んでレンジ
　で1分半加熱する。ボウルにA
　を入れ、粘りが出るまで混ぜる。
　6等分の小判型に丸める。

2　フライパンにごま油を熱し、1を
　並べる。4〜5分両面を焼き、混
　ぜ合わせたBを加える。

3　煮立ったら弱火にし、ふたをし
　て3分ほど蒸し煮にする。器に
　盛り、白髪ねぎをのせる。

フライパンで

きのこを
IN&ON!

レンジで煮込みハンバーグ

旨みも
ボリュームも
大幅アップ。

レンジで

材料（1人分）

A | 合いびき肉……50g
　 | えのき……1/2袋（50g）
　 | 塩麹……大さじ1
　 | マヨネーズ……小さじ1
B | マッシュルーム……3個
　 | トマトジュース（もしくはトマトピューレ）……50mℓ
　 | ケチャップ……小さじ1
　 | 中濃ソース……大さじ1
ブロッコリー……2房

作り方

1 えのきは根元を落として細かく刻む。マッシュルームは薄切りにする。

2 ボウルに**A**を入れ、粘りが出るまで混ぜる。小判形に丸め、耐熱容器にのせたら中央を少しくぼませる。

3 **2**に**B**をかけ、ラップをしてレンジで3分加熱する。途中返してブロッコリーを加えてさらに3分加熱する。

加熱時は**B**のソースで肉だねをおおうのが大切。

231 kcal　#低糖質 #美肌

323 kcal #低糖質 #腸活

重ねるだけで
手間いらず。

巻かない
ロールキャベツ

腸内を整える
キャベツを
たくさん
食べられる！

作り方

1 キャベツは葉と芯を切り分け、
　芯は細かく刻む。

2 ボウルにひき肉と1の芯、Aを
　入れ、粘りが出るまで混ぜる。
　深さのある耐熱容器にキャベツ、
　肉だねの順に重ねる。

3 1に混ぜ合わせたBを流し入れ、
　ラップをしてレンジで5分加熱
　する。器に切り分け、スープを
　かける。

材料（1人分）

豚ひき肉……100g
キャベツ……大3～4枚

A｜ にんにく、しょうがチューブ
　　　　……各2cm
　｜ 塩麹、酒……各大さじ1

B｜ 水……150mℓ
　｜ 白ワイン……大さじ1
　｜ コンソメ（顆粒）……小さじ1
　｜ 塩、こしょう……各少々
　｜ ローリエ……1枚

PART 2　ヘルシーなのに大満足!!　1人前食堂のベストおかず

レンジで

67

塩麻婆豆腐

フライパンで

玄米で
麻婆丼にしたり、
糖質0麺や
豆腐そうめんに
かけても絶品！

辛くないから
胃腸にも
やさしい〜。

材料（1人分）

豚ひき肉……70g
ニラ……$1/2$束
なめこ……$1/2$袋（50g）
豆腐（絹）……$1/2$丁（150g）
にんにく、しょうがチューブ
　　……各2cm
A｜水……100ml
　｜塩麹……大さじ$1/2$
　｜鶏がらスープの素……小さじ$1/2$
ごま油……小さじ1
こしょう……少々

作り方

1 ニラは3cm幅に切る。豆腐はペーパーに包んでレンジで1分半加熱し、2cm角に切る。

2 フライパンにごま油を熱し、ひき肉をほぐしながら炒める。にんにくとしょうがを加えてよく混ぜ合わせる。

3 肉の色が変わったらAを加え、煮立ったらなめこと豆腐、ニラを加える。ひと煮立ちしたら、器に盛りこしょうをふる。

320 kcal #高たんぱく #美肌

247 kcal #低糖質 #免疫アップ　　小松菜やほうれん草で巻いてもいい。

ヘルシー野菜しゅうまい

市販の皮は不要！リセット中華おかず。

たっぷりの肉汁があふれて幸せ。

材料（1人分）

A
- 豚ひき肉……70g
- 長ねぎ（みじん切り）……¼本分
- 塩麹……大さじ1
- オイスターソース……小さじ1
- にんにく、しょうがチューブ……各2cm
- ごま油……小さじ1

ちんげん菜……1株

しょうが（せん切り）……適量

B
- 酢……大さじ1
- ラー油……1〜2滴

作り方

1 ちんげん菜は1枚ずつにして耐熱容器に入れ、レンジで1分加熱する。

2 ボウルにAを入れ、粘りが出るまで混ぜる。5等分のボール型に丸め、1にのせて巻く。

3 耐熱容器に2をのせ、ラップをしてレンジで3分加熱する。少し蒸らしたら、さらにレンジで1分加熱する。器に盛り、しょうがをのせてBにつけて食べる。

レンジで

PART 2　ヘルシーなのに大満足!!　1人前食堂のベストおかず

魚介

鮭

おいしいだけじゃなく、抗酸化作用が期待できるなど栄養も豊富。コラーゲンのある皮ごと食べて。

白身魚

タラ、カレイ、スズキ、カジキ、鯛などヘルシーで高たんぱくな魚。旬や好みで選ぼう。

刺身

ヘルシーにぜいたくするなら刺身。しゃぶしゃぶがリセットごはんには最強。

低糖質＆旨味のあるだしがポイント

白身魚とトマトと玉ねぎの重ね蒸し

魚から出る
滋味深い
だしまで
味わって。

塩分ひかえめ
だから
むくまない。

材料（1人分）

白身魚（タラなど）……1切れ（100 g）
トマト、玉ねぎ……各1/4個
にんにく……1かけ
A｜白ワイン……大さじ2
　｜水……小さじ2
　｜コンソメ（顆粒）……小さじ1/4
　｜塩、こしょう……各少々
　｜オリーブオイル……大さじ1/2
　｜ローリエ……1枚

作り方

1 タラはペーパーで水分を拭き、にんにくは薄切りにする。玉ねぎは1cm幅の輪切りに、トマトは半分に切る。

2 耐熱容器に玉ねぎ、タラ、トマト、にんにくの順に重ね、Aをかける。ラップをかけて、レンジで3分加熱する。

3 煮汁を回しかけ、ラップをしないでさらに2分加熱する。

レンジで

皮目パリッと
かんたんムニエル。

鮭の **ムニエル**
アボカドタルタルソース

絶品タルタルは
つまみ食い
要注意！

トースターで

材料（1人分）

生鮭……1切れ（90ｇ）
塩、こしょう……各少々
バター……5ｇ
A アボカド……1/2個
塩昆布……5ｇ
マヨネーズ……大さじ1
練りわさび……1㎝
スプラウト……1/4パック
レモンスライス……1枚

作り方

1 鮭はペーパーで水分を拭き、塩、こしょうをふる。アボカドはフォークで潰し、塩昆布は粗みじん切りにする。

2 ホイルに鮭とバターをのせ、トースターで10分焼く。

3 器に盛り、混ぜ合わせた**A**とスプラウト、レモンを添える。

タルタルに明太子を入れて白身魚でもおすすめ（P127）。

387 kcal ＃低糖質 ＃美肌

581 *kcal* #むくみ解消 #美肌　　　魚缶や鶏肉でアレンジをしてもおいしい（P126）。

トマトが
酸味豊かで
疲れが
吹き飛ぶ！

カジキの トマトヨーグルトカレー

魚とカレーの
好相性
おそるべし。

PART
2
ヘルシーなのに大満足!! 1人前食堂のベストおかず

材料（1人分）

カジキ……1切れ（100g）
玉ねぎ……1/4個
塩、こしょう……各少々
A｜にんにく、しょうがチューブ
　　……各2cm
　｜カレー粉……大さじ1/2
オリーブオイル……大さじ1
B｜プレーンヨーグルト……100mℓ
　｜トマトピューレ……50mℓ
　｜はちみつ、塩麹、コンソメ（顆粒）
　　……各小さじ1
もち麦ご飯……軽め1杯（110g）

作り方

1 カジキは一口大に切り、塩、こ
しょうをふる。玉ねぎはみじん
切りにする。

2 フライパンにオリーブオイルを
熱し、玉ねぎが薄いきつね色に
なるまで強めの中火で炒める。
Aを加えてさらに炒める。

3 カジキとBを加え、煮立ったら
弱火にして3分ほど煮る。器に
ご飯と盛る。

フライパンで

73

小鍋で

お刺身とろろ昆布しゃぶしゃぶ

1日を締めくくる
ヘルシーな
ごほうび飯。

最後の
だし汁もおいしく
いただけて
一石二鳥。

材料（1人分）

お好みのお刺身（ブリ、鯛、マグロなど）
……適量
春菊……1/2束
貝割れ菜……1/2パック
とろろ昆布……大さじ1
A｜水……300ml
　｜酒……大さじ1
　｜昆布茶（顆粒）……大さじ1/2
B｜しょうゆ……大さじ2
　｜すだち……1/2個

作り方

1 小鍋にAを入れ、強火にかける。煮立ったら中火にして春菊、貝割れ菜を加えて火を止める。

2 刺身ととろろ昆布をさっとくぐらせ、合わせたBにつけて食べる。

277 kcal ＃低脂肪 ＃免疫アップ

348 kcal

キャベツと
きのこ、みそで
腸をとことん
いたわろ。

蒸すから旨い
北海道の
ソウルフード。

鮭ポテトの
ちゃんちゃん蒸し

材料（1人分）

生鮭……1切れ(90g)

キャベツ……2〜3枚

しめじ……1/4袋

酒……大さじ1

A みそ、オリーブオイル
　　……各大さじ1
　 にんにくチューブ……2cm
　 砂糖、しょうゆ……小さじ1/2
　 塩、こしょう……各少々

作り方

1 キャベツは一口大に切る。しめ
　じは根元を落とし小房に分ける。
　鮭は4等分に切る。

2 耐熱容器にキャベツとしめじを
　入れて酒をふって鮭をのせ、混
　ぜ合わせたAをぬる。ラップを
　してレンジで3分加熱する。途
　中ざっと混ぜてさらに2分加熱
　する。

レンジで

ゆるヤセおつまみ

糖質オフなのに
お酒がすすむ7品をご紹介。
発酵食材で、旨味しっかり。
野菜もたくさんとれる
ヘルシーな
おつまみがずらり！

トースターで

493 kcal

じゃこと大葉の和風ピザ

材料（1人分）
厚揚げ……1枚
大葉（刻む）……3枚
ちりめんじゃこ……20g
ピザ用チーズ……20g
A｜みそ、みりん……各小さじ1

作り方

1 厚揚げは半分の厚さに切り、混ぜたAをぬり、チーズとちりめんじゃこ、大葉をのせる。

2 トースターで5〜6分、表面がこんがりするまで焼く。

266 kcal

レンジで納豆そぼろ

材料（1人分）
豚ひき肉……50g
納豆……1パック
A｜めんつゆ（3倍濃縮）……大さじ1
　｜しょうがチューブ……2cm
　｜ごま油……小さじ1
卵黄……1個分
青ねぎ（刻む）……お好みで

作り方

1 耐熱ボウルにひき肉とAを入れて混ぜ、ふんわりとラップをし、レンジで2分加熱してほぐす。

2 納豆を加えて混ぜて器に盛り、卵黄と青ねぎをのせる。

レンジで

323 kcal

トースターで

サバ缶でバーニャカウダ

577 kcal

材料（1人分）

パプリカ、きゅうり、大根
……お好みで

A｜サバみそ煮缶……1缶(150g)
　｜にんにくチューブ……2cm
　｜オリーブオイル……大さじ2
　｜牛乳……大さじ1

作り方

1 野菜はスティック状に切り
　そろえる。

2 耐熱皿にAを入れて混ぜ、
　トースターで5分加熱する
　（缶のままでもOK）。1を添える。

おからでポテサラ

作り方

1 耐熱ボウルにおからとツ
　ナ、水を入れて混ぜ、レン
　ジで3分加熱する。

2 Aを加えてよく混ぜ、皿に
　盛って貝割れ菜をのせて
　こしょうをふる。

材料（1人分）

おから……50g
ツナ缶……1/2缶(40g)
水……大さじ1と1/2
A｜マヨネーズ……大さじ2
　｜ヨーグルト(無糖)……大さじ1
　｜粒マスタード……小さじ1/2
　｜塩、こしょう……各少々
貝割れ菜……適量
こしょう……少々

レンジで

まるごとアボカド
クリーミーヨーグルトソース

材料（1人分）

アボカド……1/2個
A｜ヨーグルト(無糖)……大さじ2
　｜マヨネーズ……大さじ1/2
　｜にんにくチューブ……2cm
　｜塩……少々
こしょう……少々

作り方

1 アボカドは種を取って皮を
　むく。

2 器に1をのせ、混ぜ合わせ
　たAをかけてこしょうをふる。

加熱なし！

197 kcal

394 kcal

レンジで

カマンベールフォンデュ

レンジ蒸し野菜添え

作り方

1 耐熱容器に2等分にした
アスパラ（根元の皮はむく）、
ブロッコリー、ソーセージ
を入れ、ふんわりラップを
かけて1分30秒加熱する。

2 カマンベールチーズは表
面の硬い部分を切り、耐
熱容器にのせてラップをし
ないでレンジで1分30秒
加熱する。

3 器に2をのせ、1とプチトマ
トを盛る。チーズにつけな
がら食べる。

材料（1人分）

カマンベールチーズ……1個
ソーセージ……1本
アスパラ……3本
ブロッコリー……2房
プチトマト……2個

お手軽チリコンカン

材料（1人分）

ソーセージ……2本
A ┌ ミックスビーンズ……50g
　│ ケチャップ……大さじ1
　│ ウスターソース……大さじ1/2
　│ チリペッパー……小さじ1/2
　│ にんにくチューブ……2cm
　└ 塩、こしょう……各少々
イタリアンパセリ（刻む）……お好みで

作り方

1 ソーセージは小口切りにす
る。

2 耐熱ボウルに1とAを入れ
て混ぜ、ふんわりラップを
し、レンジで5分加熱する。
器に盛ってパセリをちらす。

レンジで

215 kcal

1品で満たされる ほったらかしスープレシピ

PART 3

小鍋で
一煮立ち
させるだけ

食べたいときにすぐできるね

お手軽スープの決まりごと

レンジで
チンするだけ

スープの素を使わずおいしい

シンプルで体にやさしい味を目指して、コンソメや顆粒だしはナシ。野菜や肉、魚介の旨味を引き出すから、最小限の調味料でもおいしいスープができる。味に敏感になれば、塩分ひかえめ→むくみ予防にも。

野菜がいっぱい摂れる

生のサラダで食べるとたいへんだけど、スープでくったりとかさを減らせば、たくさん野菜を食べられる。大きめにカットすれば食べごたえも出て、少ない肉、魚で節約＆ヘルシーに。

PART
3
1品で満たされる　ほったらかしスープレシピ

豆腐そうめん
水切りするだけですぐ食べられて便利。そうめん同様、あっさりしたもの、和風のレシピにとくに合う。

押し麦・もち麦
乾燥したまま一緒に調理すればふっくら戻って、ぷちぷちとした食感が楽しめます。スープ1杯に大さじ2くらいがおすすめ。

五穀ご飯
麦や古代米、きび、あわなどの雑穀で、ビタミンやミネラル、食物繊維が豊富。和風味のほか、ピリ辛の韓国風スープなどにも。

玄米ご飯
汁物に入れるとおじやのようにボリュームアップ。トマトベースのスープに入れれば、洋風リゾットみたいに！

主食を投入すれば満腹感アップ！

遅く帰った日のごはん、体をリセットしたいときには、スープがぴったり。具だくさんでも、「やっぱりもう少し食べたいな……」と物足りないなら、スープに腹持ちのいい食材を少し投入してみよう！ あっという間にお腹いっぱいの一品になる。

5分でシェントウジャン

豆乳と酢の力で
ふるふるした食感になる
台湾風朝ごはん。
レンジですぐできて、
腹持ち長続き。

材料（1人分）

A 桜えび……大さじ2(6g)
　 干ししいたけ……1個
　 ザーサイ……10g
　 豆乳……200㎖

酢……小さじ1

油揚げ……1枚

香菜、ラー油……お好みで

作り方

1 干ししいたけは浸水させてレンジで2分半加熱し、薄切りにする。油揚げは4等分に切ってトースターで焼く。

2 耐熱ボウルにAを入れ、ふんわりラップをしてレンジで1分半加熱する。

3 酢を入れて少し固まるまで混ぜ、器に盛る。香菜をのせ、ラー油を回しかける。油揚げをつけて食べる。

だしうまな具材たちに豆乳を投入。

レンジで温めてる間に…

トースターで油揚げもチン。

おすすめ追加食材……玄米ご飯で豆乳茶漬け風に。

276 kcal　#低糖質 #美肌

青ねぎやしらす、ごまなどもよく合う。

豆乳のやさしさに包まれる

PART
3 **1品で満たされる** **ほったらかしスープレシピ**

83

じゃがいものない
ポトフだから
糖質が気になる人に
もってこい。
しょうがでポカポカ

手羽先で
ジンジャーポトフ

材料（1人分）

鶏手羽先……2本
玉ねぎ……1/4個
キャベツ……120g
プチトマト……2個
ブロッコリー……2房
A｜水……200mℓ
　｜しょうがチューブ……2cm
　｜塩、こしょう……各少々
　｜ローリエ（あれば）……1枚

作り方

1 手羽先は骨の間に切り込みを
　入れる。玉ねぎはくし切りにする。

2 耐熱ボウルに1とキャベツ（丸ご
　と）、Aを入れてふんわりラップ
　をし、レンジで4分加熱する。

3 取り出して一混ぜし、ブロッコ
　リーとプチトマトを加えてラッ
　プをし、さらに2分加熱する。

おすすめ追加食材……五穀ご飯（3で投入）でしょうがゆっぽく。

210 kcal #冷え改善 #野菜たっぷり

見た目も鮮やかな
さっぱりカレー。
バテ気味の日に
おすすめ。

夏野菜とヨーグルトの スパイシーカレースープ

材料（1人分）

ツナ缶……1/2缶（40g）
かぼちゃ……50g
パプリカ……1/4個
オクラ……2本
A｜水……200ml
　｜カレー粉、めんつゆ
　｜　……各小さじ1/2
ヨーグルト……大さじ1

作り方

1　かぼちゃとパプリカは角切りに、オクラは一口大に切る。

2　耐熱ボウルに1とツナ、Aを入れてふんわりラップをし、レンジで5分加熱する。

3　一混ぜして器に盛り、ヨーグルトをかける。

ラタトゥイユスープ

野菜に元気もらえる
具だくさんスープ。
多めに作って
作りおきもよし！

材料（1人分）

ソーセージ……2本
玉ねぎ……$1/8$個
トマト……小1個
なす……1本
パプリカ（黄）……$1/4$個
A｜水……150mℓ
　　ケチャップ……大さじ1
　　にんにくチューブ……2cm
　　塩、こしょう……各少々
　　オリーブオイル……大さじ$1/2$

作り方

1 野菜は角切りに、ソーセージは小口切りにする。

2 耐熱ボウルに1とAを入れてふんわりラップをし、レンジで5分加熱する。一混ぜして器に盛る。

おすすめ追加食材……低糖質パスタ（P127・CarbOFFペンネなど）を2でイン。　242 kcal　#低糖質 #野菜たっぷり

182 *kcal* #腸活 #むくみ解消

粒マスタードの
プチプチ感と
酸味が引き立つ、
不調しらずの
スープ。

なんちゃって
シュークルート

材料（1人分）

ソーセージ……2本
キャベツ……2枚
玉ねぎ……1/4個
A　水……150mℓ
　　にんにくチューブ……2cm
　　酢……大さじ1/2
　　砂糖……小さじ1
　　粒マスタード……小さじ1/2
　　塩、こしょう……各少々

作り方

1　キャベツは1cm角に、玉ねぎは
　薄切りに、ソーセージは一口大
　に切る。

2　耐熱ボウルに、**1**と**A**を入れて
　ふんわりラップをし、レンジで5
　分加熱する。一混ぜして器に盛
　る。

昆布香る
やさしい味わい。
イソフラボンで
アンチエイジングにも
効果的

明太とろろの和風豆乳スープ

材料（1人分）

明太子……1本
エリンギ……1本
貝割れ菜……1/4パック
A │ 豆乳……200㎖
　　　│ めんつゆ（3倍濃縮）……大さじ1
とろろ昆布……ひとつまみ（3g）

作り方

1　明太子は皮を取り除く。エリンギは縦2等分にしてから薄切りに、貝割れ菜は根を落とす。

2　耐熱ボウルに1とAを入れてふんわりラップをし、レンジで2分半加熱する。一混ぜして器に盛り、とろろ昆布をのせる。

おすすめ追加食材……豆腐そうめんで大豆づくし。

150kcal　#低糖質 #美肌

252 *kcal* #低糖質 #疲労回復

今日は
頑張らない
おでんの日。
大根と
こんにゃくは
マスト!

レンジで
味しみおでん

材料（1人分）

大根……4cm

こんにゃく（アク抜き不要のもの）
……1/4枚

ちくわ……1本

さつま揚げ……1枚

はんぺん……1/2枚

A 水……200mℓ
塩昆布……5g
しょうゆ……大さじ1
みりん……小さじ1

作り方

1 大根は2〜3cm幅に切って皮を
むき、十字に切り込みを入れ、
ラップに包んでレンジで4分加
熱する。練り物は熱湯を回しか
ける。こんにゃくはさっと水洗い
し、格子状に切り込みを入れる。

2 耐熱ボウルに1とAを入れてふ
んわりラップをし、レンジで3分
加熱する。一混ぜして器に盛る。

トマトとサバみそ缶の デトックススープ

みそ×トマトの
マイルドな酸味。
ピーマンの苦みが
いいアクセントに。
抗酸化作用もばっちり！

材料（1人分）

サバみそ缶……1/2缶（75g）
玉ねぎ……1/4個
トマト……小1個
ピーマン……1個

A　水……200ml
　　ケチャップ……大さじ1/2
　　塩、こしょう……各少々

作り方

1　野菜は角切りにする。

2　耐熱ボウルに**1**とサバ缶（汁ごと）、
　Aを入れてふんわりラップをし、
　レンジで5分加熱する。一混ぜ
　して器に盛る。

おすすめ追加食材……押し麦でデトックス効果アップ！

212kcal　#低糖質 #野菜たっぷり

MY
HAPP

315 kcal #腸活 #冷え改善

おすすめ追加食材……五穀ご飯＋とろけるチーズでキムチ雑炊。

納豆キムチみそ汁

疲れた腸内を
お掃除する
発酵食材づくし。
納豆の新しい
おいしさも発見！

PART 3 1品で満たされる ほったらかしスープレシピ

材料（1人分）

小松菜……1株
厚揚げ……1/2枚
納豆……1パック
白菜キムチ……30g
A｜水……200mℓ
　　みそ、酒……各小さじ2
　　にんにく、しょうがチューブ
　　　……各1cm

作り方

1 小松菜は3cm長さに切る。厚揚げは一口大に切る。納豆は混ぜておく。

2 耐熱ボウルに1とキムチ、Aを入れてふんわりラップをし、レンジで3分加熱する。一混ぜして器に盛る。

ピリ辛すっぱい
私の大好きなスープ。
お酢で内臓脂肪撃退！

もずく酢で
サンラータン風

材料（1人分）

しらす……30g
長ねぎ（白い部分）……1/2本
卵……1個
A ｜ もずく酢……1パック(70g)
　｜ 塩、こしょう……各少々
水……200mℓ
ごま油……小さじ1
ラー油……お好みで

もずくは食物繊維担当。

作り方

1 ねぎは斜め薄切りにする。

2 小鍋にごま油を熱し、しらすを炒める。1と水を入れ火にかけ、煮立ったらAを加えて味をととのえる。

3 溶き卵を回し入れ、半熟になったらラー油をかける。

おすすめ追加食材……豆腐そうめんでかるめの食事に。

136kcal #低糖質 #むくみ解消

225 *kcal* #低糖質 #疲労回復

焦がしひき肉の旨辛坦々スープ

スタミナがあふれる滋養系スープ。春雨は我慢……糖質0麺が味方してくれる

材料（1人分）

豚ひき肉……50g

ニラ……1/2束

長ねぎ（白い部分）……1/4本

もやし……1/4袋

ごま油……小さじ1

A｜水……200㎖

　｜みそ……大さじ1

　｜めんつゆ（3倍濃縮）……小さじ1

　｜豆板醤……小さじ1/2

　｜にんにく、しょうがチューブ……各2cm

作り方

1 ねぎはみじん切りに、ニラは3cm幅に切る。

2 小鍋でごま油を熱し、ひき肉を炒める。焦げ目がついたらAを加えて煮立たせる。

3 もやしとねぎ、ニラを加え、一煮立ちさせたら完成。

角切り野菜を
コトコト
煮込むだけ♪
トマトのリコピンで
美肌にもよい。

具だくさん
ミネストローネ

材料（1人分）

ベーコン……1枚
玉ねぎ……1/4個
マッシュルーム……2個
にんにくチューブ……2cm
A ┌ トマト缶(カット)……1/4缶(100g)
　　├ 水……100㎖
　　└ ミックスビーンズ……25g
塩、こしょう……各少々
オリーブオイル……小さじ1
粉チーズ……適量

作り方

1 玉ねぎとマッシュルームは角切りに、ベーコンはざく切りにする。

2 小鍋にオリーブオイルを熱し、玉ねぎとにんにくを炒める。香りが立ったらベーコンとマッシュルームを加えてさらに炒める。

3 Aを加えて5分煮て、塩、こしょうで味をととのえる。粉チーズをふる。

おすすめ追加食材……玄米ご飯を3で投入すればトマトリゾット！

197kcal　#免疫アップ #野菜たっぷり

189 kcal #低糖質 #美肌

クラムチャウダーも
缶詰で超かんたん！
みそで発酵の力を
プラスしよう。

あさり缶ときのこの豆乳みそチャウダー

材料（1人分）

玉ねぎ……1/4個

A｜あさり缶……1缶(65g)
　｜しめじ……1/4袋
　｜豆乳……150㎖
　｜みそ……小さじ1

オリーブオイル……小さじ1

パセリ(乾燥)……少々

作り方

1 玉ねぎはみじん切りにする。しめじは根元を落としてほぐす。

2 小鍋にオリーブオイルを熱し、強めの中火で玉ねぎを炒める。

3 Aを加えて一煮立ちさせ、パセリをふる。

豚肉と豆苗の マスタードスープ

シャキシャキ
えのきと豆苗に
豚の旨味がマッチ。
ほのかな酸味も
疲れを癒やしてくれる。

材料（1人分）

豚こま切れ肉……70g
豆苗……1/3袋
えのき……1/3袋(70g)
A　水……200mℓ
　　粒マスタード、酒……各小さじ2
　　塩、こしょう……各少々
　　にんにく、しょうがチューブ
　　……各1cm
オリーブオイル……小さじ1

作り方

1　えのきは根元を落としてほぐし、
　　豆苗は半分に切る。

2　小鍋にオリーブオイルを熱し、
　　豚肉を炒める。焼き色がついた
　　ら1とAを加えて一煮立ちさせ
　　る。

おすすめ追加食材……押し麦でプチモチ度アップ（2で入れる）。

208 kcal　#低糖質 #腸活

おすすめ追加食材……豆腐そうめんを入れてにゅうめん風（P127）。

トマトと卵のふわふわ仕立てスープ

とろふわ
やさしい舌ざわり。
腸が喜ぶ
シンプルスープ。

材料（1人分）

A｜トマト……中1個
　｜なめこ……1/2袋（50ｇ）
　｜塩麹……大さじ1
　｜水……200㎖
卵……1個
こしょう……少々

作り方

1 トマトは大きめの角切りにする。

2 小鍋にAを入れて中火で5分ほど煮て、トマトをお玉の背でつぶす。

3 一煮立ちさせたら溶き卵を回し入れ、ふんわりしてきたら火を止める。こしょうをふる。

鮭とアボカドの濃厚クリームスープ

とろっと
火の通った
アボカドが楽しみ。
ほっこり温まる
秋味スープ。

材料（1人分）

生鮭……1切れ（90g）
玉ねぎ……1/4個
しめじ……1/2袋
アボカド……1/2個
A｜水……80ml
　｜白ワイン……大さじ1
　｜にんにくチューブ……2cm
牛乳（豆乳）……100ml
塩、こしょう……各少々
オリーブオイル……小さじ1

作り方

1　玉ねぎは5mmの薄切りに、アボカドは角切りにする。しめじは根元を落としてほぐす。鮭は一口大に切る。

2　小鍋にオリーブオイルを熱し、玉ねぎを炒める。Aを加えて沸騰したら鮭としめじを加えて煮る。

3　牛乳とアボカドを加えて一煮立ちさせ、塩、こしょうで味をととのえる。

おすすめ追加食材……低糖質パスタ（P127・CarbOFFペンネなど）を2でイン。　**406**kcal　#美肌 #免疫アップ

207 kcal #低糖質 #疲労回復

タラの レモンブイヤベース

魚のだしが効いた地中海料理。低脂肪なのにボリューミー。

材料（1人分）

タラ……1切れ（100g）
じゃがいも……小1個
玉ねぎ……1/4個
ブロッコリー……2房
プチトマト……3個
A 水……200mℓ
　　塩、こしょう……各少々
　　にんにくチューブ……2cm
レモンスライス……2枚
オリーブオイル……小さじ1

作り方

1 タラは塩をふって5分置き、水気を拭いて一口大に切る。玉ねぎは薄切りに、じゃがいもは皮をむいて6等分に切る。

2 小鍋にオリーブオイルを熱し、玉ねぎがしんなりするまで炒める。じゃがいもを加え、油がなじむまで炒める。

3 タラとブロッコリー、**A**を加え煮立ったらふたをして、弱火で5分煮てトマトとレモンを加え、一煮立ちさせる。

手羽元で参鶏湯スープ

あっさり仕上げた
お手軽
薬膳スープ。
しょうがとねぎで
冷えにも効く！

材料（1人分）

鶏手羽元……2本
A｜ 白菜……1枚
　　長ねぎ（白い部分）……1/4本
　　にんにく、しょうが……各1/2かけ
　　水 200ml
　　酒……大さじ1
塩……少々
ごま油……大さじ1/2
糸唐辛子……適量

作り方

1 手羽元は骨の両側に切り込みを入れる。白菜は3cm幅に、ねぎは斜め切りにする。しょうがとにんにくは薄切りにする。

2 小鍋にごま油を熱し、手羽元の表面に焼き目をつける。

3 Aを加えて一煮立ちさせ、アクを除く。ふたをして弱火で10分煮込む。塩で味をととのえ、糸唐辛子をのせる。

おすすめ追加食材……もち米の代わりに押し麦でサムゲタン風。

308 kcal ＃冷え改善 ＃野菜たっぷり

94 kcal　#低糖質 #疲労回復

即席トムヤムクン

梅干しにかかれば、
はっとする
酸味とおいしさ！
低カロリーなので
ご飯も一緒にね。

材料（1人分）

むきえび……4尾

プチトマト……4個

しめじ……¹⁄₄袋

水……200㎖

A｜梅干し……1個

　｜ナンプラー、レモン汁
　｜　……各大さじ¹⁄₂

　｜砂糖……小さじ1

　｜しょうが、にんにくチューブ
　｜　……各1cm

香菜……お好みで

作り方

1　しめじは根元を落としてほぐす。
　　梅干しは種を取る。

2　小鍋に水、えび、しめじを入れ
　　て強火にかけ、沸騰したらAと
　　プチトマトを加える。

3　ときどき混ぜながら、トマトがとろ
　　っとするまで煮る。香菜をのせる。

ちぎり肉だんごとレタスの塩スープ

ひとりで
小鍋気分なら
こちらをどうぞ。
塩麹ひとつで
奥行きある味に。

材料（1人分）

豚ひき肉……80g
レタス……小¹/₄玉
にんじん……¹/₃本
水……200mℓ
A ｜ 塩麹……大さじ1
　｜ 酒……小さじ¹/₂
　｜ しょうがチューブ……2cm
塩、こしょう……各少々

作り方

1 ポリ袋にひき肉とAを入れてよくもむ。にんじんは乱切りにする。

2 小鍋に水とにんじんを入れ沸騰させ、2分煮る。

3 1を袋からちぎって鍋に落とし、レタスも入れて火を通す。塩、こしょうで味をととのえる。

おすすめ追加食材……糖質0麺できし麺風。

240 kcal #低脂肪 #野菜たっぷり

102

準備5分！チンするだけの冷凍作りおき PART 4

1週間困らない！

忙しい日のための
コンテナ冷凍術

ストックしておけば、
腹ペコでも
すぐ食べられる！

冷凍している間に
味がしみ込む〜

レシピにしたがって、野菜を一気にまとめ切り。　　肉or魚を調味料で和える。　　すき間に野菜を詰めていく。

切る　1　混ぜる　のせる

準備はぜんぶ3ステップ！

1人前食堂の冷凍は、コンテナ型の耐熱保存容器ひとつで作れる。切って入れるだけだからほぼ5分以内、仕込みのハードルもなし。15品どれも同じ準備なので迷いません。冷凍の作りおきが手放せなくなるはず！

ムラなく加熱できるように、途中一混ぜしてもう一度レンジへ。　　レンジに放り込めば、他の家事や身支度の時間も生まれる。

2

食べるときはチンするだけ

冷凍食品のようにチンして「いただきます！」。好みのヘルシー主食(P8)と組み合わせれば、遅く帰った日でもリセットごはんが手軽に作れる。

耐熱ガラスの保存容器なら、そのまま食卓に出しても見栄えもバッチリ。

仕込みのボウルも食器もいらないから、食べたあとも楽ぞ。

3

器も洗い物も最小限!!

冷凍庫に仕込んであれば、食べるときに包丁もまな板も不要。においがつきにくく、繰り返し使えるガラス製の耐熱保存容器がおすすめ。

しいたけのふわふわ肉詰め

材料はたった5つ！
肉厚なしいたけで
食べごたえアップ。
何かと重宝するヘルシーおかず

材料（1人分）

鶏ひき肉……100g
しいたけ……大3枚
A｜マヨネーズ……大さじ1
　｜ゆずこしょう……小さじ1/4
　｜塩……少々

冷凍の準備

しいたけは石づきを落とし、軸を刻む。ボウルにひき肉とA、しいたけの軸を入れ、粘りが出るまで混ぜる。しいたけに肉だねをのせ、保存容器に入れて冷凍する。

解凍

ふたを半開きにしてレンジで5分加熱し、ひっくり返してさらに2分加熱する。酢じょうゆやゆずこしょう、ゆず皮を添える。

大きいとお肉ものせやすい。

しいたけの軸は肉だねへ！

スプーンでこんもりとね。

259kcal #低糖質 #腸活

Ａを鶏がらスープ＋オイスターソース＋しょうがチューブにすると、実は中華風にも変身。

PART
4
準備5分! チンするだけの冷凍作りおき

遠慮なくかぶりつきたい

ヘルシー 和風えびマヨ

マヨは最小限。油で炒めないから脂質ひかえめ！

野菜は冷凍で新食感になるのも楽しい。

材料（1人分）

むきえび……大3尾
アスパラ……2本
しめじ……1/4袋
塩、こしょう……各少々
A マヨネーズ……大さじ1
ケチャップ……小さじ2
豆板醤、しょうゆ……各小さじ1/4
にんにくチューブ……2cm

冷凍の準備

しめじは根元を落としてほぐす。アスパラは根元の皮をむき、4cm幅の斜め切りにする。保存容器にAを混ぜてえびを漬け、しめじとアスパラをのせて冷凍する。

解凍

ふたを半開きにしてレンジで5分加熱し、一混ぜしてさらに2分加熱する。

182 *kcal* #低糖質 #免疫アップ

313 _kcal_　#低糖質 #高たんぱく

冷凍なのに
手の込んだ
定食風。

かんたん
サバのみそ煮

サバは
コレステロール
撃退効果も。

材料（1人分）

サバ……1切れ（100g）

かぼちゃ……30g

長ねぎ（白い部分）……1/4本

A｜みそ、酒……各大さじ1
　｜砂糖、みりん、しょうゆ
　｜……各小さじ1/2
　｜しょうがチューブ……2cm

冷凍の準備

サバは皮目に十字に切り込みを入れる。かぼちゃは薄切りに、ねぎは4cm幅に切る。保存容器にAを混ぜてサバを漬ける（皮目を上にする）。かぼちゃとねぎをのせて冷凍する。

解凍

ふたを半開きにしてレンジで5分加熱し、ひっくり返してさらに2分加熱する。

トマト肉じゃが

家庭料理の
定番を
アップデート。

トマトで
彩りも栄養も
高めてくれる。

材料（1人分）

豚こま切れ肉……100g
じゃがいも……小1個
玉ねぎ……1/4個
トマト……小1個
A｜塩麹……大さじ1
　｜しょうゆ、みりん
　｜……各大さじ1 1/2
　｜オリーブオイル……小さじ1
こしょう……少々

冷凍の準備

じゃがいもは皮をむいて一口大に、
トマトはざく切りに、玉ねぎは1cm
幅に切る。保存容器に豚肉とAを
入れてよく混ぜる。野菜をのせて
冷凍する。

解凍

ふたを半開きにしてレンジで5分
加熱し、一混ぜしてさらに2分加
熱する。こしょうをふる。

383 kcal　#腸活 #疲労回復

449 kcal #低糖質 #野菜たっぷり

砂糖を甘酒大さじ1に代えるとやさしい甘さに。

ねぎたっぷり すき焼き風

いつでも
食べれる
ごちそう。

ちゃっかり
野菜不足も
補おう。

冷凍の準備

白菜は一口大に、ねぎは斜め切りにえのきは根元を落として半分に切る。しいたけは軸を取り十字に切り目を入れる。保存容器に牛肉とAを入れてよく混ぜ、野菜をのせて冷凍する。

解凍

ふたを半開きにしてレンジで5分加熱し、一混ぜして2分加熱する。温泉卵をのせる。

材料（1人分）

牛切り落とし肉……100g
白菜……1枚
長ねぎ（白い部分）……1/3本
しいたけ……2枚
えのき……1/4袋
A｜しょうゆ……大さじ2
　｜みりん……小さじ2
　｜砂糖……小さじ2
温泉卵……1個

洋風

レンジで チキントマト煮

ぐつぐつ煮込む必要なし！
容器に全部入れてできる
ヘルシー＆あったかおかず

材料（1人分）

鶏もも肉（唐揚げ用）……80g

玉ねぎ……1/4個

しめじ……1/2袋

A ┌ トマト缶（カット）……1/4缶（100g）
　├ にんにくチューブ……2cm
　├ 塩麹、オリーブオイル
　│　……各大さじ1
　└ こしょう……少々

パセリ（乾燥）……適量

冷凍の準備

玉ねぎは1cm幅に切る。しめじは根元を落としてほぐす。保存容器に鶏肉と野菜を入れ、Aをかけて軽く混ぜて冷凍する。

解凍

ふたを半開きにしてレンジで5分加熱し、一混ぜしてさらに2分加熱する。パセリをふる。

唐揚げ用肉なら時短に。

塩麹とトマトの組み合わせは鉄板！

トマト缶は常備しておこう。

352 kcal #高たんぱく #疲労回復

鶏肉を切り身魚やたこに代えて、漁師風にするのもいい。

これがレンジでできるなんて！

疲労回復に
高たんぱくと
いいことずくめ。

たことマッシュルームの 塩麹アヒージョ

罪悪感少なめの
アヒージョ。

材料（1人分）

たこ……100g
ブロッコリー……3房
マッシュルーム……4個
A｜オリーブオイル……大さじ3
　｜塩麹……大さじ1
　｜にんにくチューブ……3cm
　｜こしょう……少々

冷凍の準備

たこはぶつ切りに、マッシュルームは2等分にする。保存容器にたこと野菜を入れ、Aを回しかけて冷凍する。

解凍

ふたを半開きにしてレンジで5分加熱し、一混ぜしてさらに2分加熱する。

たこはえびや白身魚にトレードしてみて。

464 kcal　#低糖質 #免疫アップ

313 kcal #冷え改善 #野菜たっぷり

きっとチンするのが待ちきれない。

トマトとなすのミートラザニア

見た目とは裏腹に糖質もカロリーも少なめ。

材料（1人分）

合いびき肉……80g
なす……1本
トマト……小1個
ピザ用チーズ……25g

A ┃ トマトジュース（無塩）……100ml
　┃ ウスターソース……小さじ2
　┃ にんにくチューブ……2cm
　┃ コンソメ（顆粒）……小さじ1/4

B ┃ ヨーグルト……大さじ3
　┃ オリーブオイル……小さじ1
　┃ 塩、こしょう……各少々

パセリ（刻む）……お好みで

冷凍の準備

トマトとなすは1cmの輪切りにする。保存容器の底にひき肉とAを入れて混ぜ、Bをぬり広げる。トマト、なす、チーズの順にのせて冷凍する。

解凍

ふたを半開きにしてレンジで6分加熱後、トースターでチーズがこんがりするまで焼く（レンジのみ10分でもよい）。パセリをふる。

PART 4 準備5分！チンするだけの冷凍作りおき

きのこたっぷり！甘酒ハッシュドビーフ

お腹がすいたら
すぐ食べられる
一皿ごはん。

玉ねぎたっぷりで
血液もサラサラ。

材料（1人分）

牛切り落とし肉……100g

玉ねぎ……1/4個

好みのきのこ（マッシュルーム、まいたけなど）
……50g

A｜甘酒……大さじ3
（もしくは酒大さじ3＋砂糖大さじ1）

ケチャップ……大さじ3

中濃ソース……大さじ2

オリーブオイル……大さじ1

塩、こしょう……各少々

五穀ご飯……茶碗軽め1杯（110g）

豆乳クリーム……お好みで

冷凍の準備

玉ねぎは1cm幅に、マッシュルームは薄切りにする。まいたけはほぐす。保存容器に牛肉とAを入れてよく混ぜ、野菜をのせて冷凍する。

解凍

ふたを半開きにしてレンジで5分加熱し、一混ぜしてさらに2分加熱する。ご飯の上に盛り、豆乳クリームをかける。

596 kcal　#疲労回復 #美肌

269 kcal #低糖質 #免疫アップ

カレー気分を
堪能できる
スパイシーおかず。

タンドリーカジキソテー

美容にいい
ビタミンBも豊富！

材料（1人分）

カジキ……1切れ（100g）

プチトマト……3個

ししとう……2〜3本

塩、こしょう……各少々

A｜マヨネーズ、ケチャップ、
　　カレー粉……各大さじ1
　｜しょうゆ……小さじ1/2
　｜にんにくチューブ……3cm

ライム……お好みで

冷凍の準備

カジキはペーパーで水分を拭いて
塩、こしょうをふり、Aをぬる。野
菜をのせて冷凍する。

解凍

ふたを半開きにしてレンジで5分
加熱し、ひっくり返してさらに2分
加熱する。ライムを添える。

ガパオライス

エスニックな調味料に
隠し味のみそでコク増し。
野菜がいくらでも
食べられる……

材料（1人分）

鶏ひき肉……100g

パプリカ(赤・黄)……各1/4個

エリンギ……1本

A｜みそ、ナンプラー、
　｜オイスターソース、酒
　｜　……各小さじ1
　｜砂糖……小さじ1/2
　｜にんにくチューブ……2cm

バジル……適量

目玉焼き……1個

こしょう……少々

玄米ご飯……軽め1杯(110g)

冷凍の準備

パプリカとエリンギは角切りにする。保存容器に、ひき肉とAを入れてよく混ぜ、パプリカとエリンギをのせて冷凍する。

解凍

ふたを半開きにしてレンジで5分加熱し、一混ぜしてさらに2分加熱する。ちぎったバジルを入れて混ぜる。ご飯の上に目玉焼きと一緒に盛り、こしょうをふる。

ひき肉に下味をつけて…

色とりどりの野菜をまとめて角切り。

バジルで一気に本格的！

550kcal #高たんぱく #疲労回復

夜な夜な食べたくなる

彩り野菜で
デトックスデー。

キムチプルコギ

キムチは
調味料として
活躍させよう。

材料（1人分）

牛切り落とし肉……80g
にんじん……1/4本
しめじ……1/3袋
豆苗……1/4袋
A｜白菜キムチ……30g
　｜ごま油、しょうゆ……各小さじ1
　｜はちみつ……小さじ1/2
　｜にんにくチューブ……2cm

冷凍の準備

にんじんは細切りに、豆苗は半分に切る。しめじは根元を落としてほぐす。保存容器に牛肉とAを入れて混ぜ、野菜をのせて冷凍する。

解凍

ふたを半開きにしてレンジで5分加熱し、一混ぜしてさらに2分加熱する。

242kcal #免疫アップ #野菜たっぷり

203 kcal #低脂肪 #低糖質

油少なめで
できちゃう
人気中華。

ささみの青椒肉絲

ささみは
冷凍すれば
味もしみ込む！

材料（1人分）

鶏ささみ……2本（100g）

ピーマン、パプリカ（赤）……各1/4個

塩、こしょう……各少々

A| オイスターソース、酒
　　……各大さじ1
| ごま油、酢、しょうゆ
　　……各小さじ1
| しょうがチューブ……2cm

冷凍の準備

ピーマンとパプリカは細切りにする。保存容器にささみを入れて塩、こしょうをふり、Aを入れてもむ。野菜をのせて冷凍する。

解凍

ふたを半開きにしてレンジで5分加熱し、一混ぜしてさらに2分加熱する。

PART 4　準備5分！ チンするだけの冷凍作りおき

具たっぷりで
満足感のある
卵おかず。

もやしの ベトナム風オムレツ

安価でヘルシーで
節約の味方。

材料（1人分）

豚ひき肉……50g
もやし……1/4袋
ひじき（乾燥）……大さじ1/2
A 卵……2個
　ごま油、ナンプラー……各小さじ1
　砂糖……小さじ1/2
　塩、こしょう……各少々
プチトマト、香菜……適量

冷凍の準備

ひじきは浸水させて戻す。保存容器にAを入れて混ぜ、ひき肉ともやし、ひじきを加えてさっと混ぜて冷凍する。

解凍

ふたをしないでレンジで3分加熱し、一混ぜしてさらに30秒〜、好みのかたさになるまで加熱する。食べやすい大きさに切ってプチトマトと香菜を添える。

360 kcal #高たんぱく #低糖質

122

490 Kcal　#むくみ解消　#美肌

干ししいたけで
食感も
旨味もよし！

サバ缶でエスニックカレー

腹ペコに捧ぐリセットカレー。

材料（1人分）

サバ水煮缶……1/2缶(75g)

干ししいたけ……1枚

ミックスビーンズ……50g

トマトジュース……100㎖

カレー粉……大さじ1

オリーブオイル、ウスターソース
……各小さじ1

にんにく、しょうがチューブ……各2cm

ガラムマサラ(もしくは好きなスパイス)
……お好みで

玄米ご飯……軽め1杯(110g)

冷凍の準備

干ししいたけは浸水させてレンジで2分半加熱し、薄切りにする。保存容器にすべての材料を入れて混ぜ、冷凍する。

解凍

ふたを半開きにしてレンジで5分加熱し、一混ぜしてさらに2分加熱する。ご飯の上にかける。

PART
4

準備5分！チンするだけの冷凍作りおき

「おいしそうだけど、
カロリーや糖質が気になる……」
「ヘルシーなら挑戦してみたいけど、
ちょっと面倒くさそう」

日々料理に向き合うなかで、
自分も共感するそんな悩みを
解決するべく、
ヘルシーと時短、そしておいしさを
兼ね備えたレシピを
1冊にまとめました。

生活が乱れ気味なときこそ、
"自分の生活を豊かにするツール"
として1品ずつ
挑戦してみてほしいです。

今回あとがきに代えて、
私のリセットごはん週間をご紹介。

Maiの リセットごはん週間

1週間後、きっと
心と体がすっきり整う
おいしいやりくり♡

Day 2

チキンのトマヨーグルトカレー
Arrange **カジキのトマヨーグルトカレー**（P73）を鶏肉に置き換え。

Day 3

高野豆腐でアボカド明太メルトサンド
Arrange **高野豆腐でチーズメルトサンド**（P38）をアボカド&明太子とゆで卵ソースに。

Day 1

かんたん焼き鳥丼
Arrange **レンジで串なし焼き鳥**（P55）を玄米にのせるだけ。

くり返し試作するなかで、この本のレシピを気ままにアレンジしたりして、実践した様子をまとめたので参考になれば幸いです。

つい面倒と思ってしまいがちなお料理ですが、この本と「1人前食堂」の動画を通じて、あなたにぴったりの"リセットごはん"と出会えるといいなと思います。

自分を癒やしたり、磨いたり、あるいは、誰かとつながったり、喜ばせたり……。

いつもより健康的で癒やされる1日を過ごしてもらえるとうれしいです。

本日も、ありがとうございました。

鯖缶でスンドゥブチゲ
Arrange あさり缶でスンドゥブチゲ (P46) をサバ缶に変えただけ。

タラのムニエル 明太タルタルソース
Arrange 鮭のムニエル アボカドタルタルソース (P72) をタラに。明太タルタルを添えて。

トマトと卵のふわふわ仕立てにゅうめん
Arrange トマトと卵のふわふわ仕立てスープ (P97) に豆腐そうめんを投入。

鮭とブロッコリーの濃厚クリームパスタ
Arrange 鮭とアボカドの濃厚クリームスープ (P98) に CarbOFF フジッリ (はごろもフーズ) を投入。

Mai

1995年生まれ、料理愛好家。2019年6月にYouTubeチャンネル「1人前食堂」を開始。自分のために作るヘルシーとおいしさを両立したレシピが反響を呼び、チャンネル登録者数は57万人(2021年3月現在)。一人で撮影・編集・ナレーションまでこなし、独特な世界観が20～40代女性を中心に人気を集めている。著書に『私の心と体が喜ぶ甘やかしごはん』(KADOKAWA)がある。

YouTube
https://www.youtube.com/channel/UCk8HTeS7wRRam6nEKZkH1eA

Instagram
@mai__matsumoto

Twitter
@ichininmae_1

心も体もすっきり整う!

1人前食堂の

からだ
リセット
ごはん

2021年3月25日　第1刷発行
2022年6月3日　第2刷発行

著者　　Mai
発行者　鉄尾周一
発行所　株式会社マガジンハウス
　　　　〒104-8003
　　　　東京都中央区銀座3-13-10

　　　　書籍編集部
　　　　☎ 03-3545-7030
　　　　受注センター
　　　　☎ 049-275-1811

印刷・製本　株式会社光邦

©2021 Mai,Printed in Japan
ISBN978-4-8387-3144-2 C0077

マガジンハウスのホームページ
https://magazineworld.jp/